AF495277

Oc
1379

LA RÉVOLUTION EN ESPAGNE

LETTRE

D'UN

RÉVOLUTIONNAIRE FRANÇAIS

A UN

RÉVOLUTIONNAIRE ESPAGNOL

LE CITOYEN A. SARRO MAGALLAN

Délégué des Ouvriers aux Congrès de Liège et de Bruxelles

PAR

ADOLPHE ROYANNEZ

Ancien Collaborateur

DE LA *Discusion* ET DE *El Pueblo* DE MADRID

PARIS

CHEZ ARMAND LE CHEVALIER, LIBRAIRE-ÉDITEUR

61, rue de Richelieu, 61

1868

LETTRE

D'UN

RÉVOLUTIONNAIRE FRANÇAIS

A UN

RÉVOLUTIONNAIRE ESPAGNOL,

LE CITOYEN A. SARRO MAGALLAN,

Délégué des Ouvriers aux Congrès de Liége et de Bruxelles

AU PUBLIC

Cartes sur table.

Voici un an que j'ai commencé, suivant les conseils de quelques amis, des démarches dans le but d'arriver à constituer une société anonyme, à capital variable, pour créer, à Marseille, un journal politique bi-hebdomadaire, démocratique et social.

Ces démarches n'ayant pas abouti, j'entreprends la publication d'une série de diverses brochures, avec l'intention de consacrer, s'il y a possibilité, les bénéfices de la vente à la constitution du capital qu'exige la loi, pour me donner le droit de dire périodiquement à mes contemporains ce que je pense des hommes qui nous gouvernent et des avanies que nous subissons journellement.

Mes brochures seront donc, en même temps que des prédications révolutionnaires, un appel de fonds adressé aux adversaires du gouvernement personnel.

Ne séparant jamais les questions politiques des questions sociales, la solution de celles-ci devant être la conséquence de la solution de celles-là, le journal que je me propose de fonder, si possible, sous le titre de « *Les droits de l'homme* » cherchera, avant tout, les moyens de reconquérir les libertés perdues, la pleine et entière

possession de ces libertés pouvant seule permettre au peuple de s'organiser en vue de son bien-être et de résoudre, selon la science et la justice, le conflit depuis si longtemps pendant entre le travail et le capital. Ennemi du militarisme, du césarisme, de la gloire des armes et des conquêtes territoriales ; ami de la paix et de l'économie ; apôtre de la liberté de conscience absolue, qui respecte au même titre le droit de croire et le droit de ne pas croire, celui-ci impliquant naturellement celui-là, et réciproquement ; partisan de la séparation radicale du spirituel et du temporel, de l'Eglise et de l'Etat, le journal *Les droits de l'homme* demandera le licenciement des armées permanentes, la suppression du budget des cultes et des gros traitements ; il prêchera l'association et la solidarité entre tous les peuples, sans distinction de croyances, de races ou de frontières. Censeur vigilant et infatigable des actes du pouvoir, avocat des faibles et des opprimés, des travailleurs et des exploités, il ouvrira ses colonnes à toutes les plaintes, à toutes les réclamations ayant un caractère d'intérêt général, propre à entretenir dans les diverses classes de la société une salutaire agitation.

Tel est, en quelques lignes, l'exposé succint du programme qu'aura à défendre le journal dont je rêve la fondation.

Si ce programme, complété par les idées émises dans ma lettre au citoyen Magallan, obtient l'assentiment de quelques uns de mes lecteurs, j'invite bravement ceux-ci, dans l'intérêt de la diffusion des principes qui nous sont communs, à faire de la propagande auprès de leurs amis, pour la vente de la présente brochure et de celles à venir.

Le prix de vente, fixé à un franc l'exemplaire, est un peu élevé et surfait, j'en conviens volontiers, le prix réel et habituel ne devant être que de cinquante ou soixante quinze centimes. *Mais il me faut un cautionnement*, et je n'hésite pas, dans le but de le trouver, à faire coopérer à l'œuvre démocratique que j'ai en vue tous ceux qui voudront bien me faire l'honneur de me lire. A eux de m'apprendre, par leur nombre, si mes idées trouvent de l'écho et si je puis, ou non, donner suite à mon projet.

Ad[r] ROYANNEZ.

NOTA. Le deux décembre prochain, je ferai paraître, au prix de un franc, une brochure, de 32 pages in-16, intitulée *La France sous Napoléon III*.

Les souscriptions peuvent m'être adressées, *franco*, en timbres-poste, à mon domicile, 102, rue Saint-Pierre, à Marseille.

Ad. R.

LETTRE

D'UN RÉVOLUTIONNAIRE FRANÇAIS

A

UN RÉVOLUTIONNAIRE ESPAGNOL

Marseille, *le* 11 *octobre* 1868.

MON CHER MAGALLAN,

Oui ! de même que tous les hommes chassés de France par la tempête de Décembre 51 et poussés vers les côtes hospitalières de votre pays, je considère l'Espagne comme une seconde patrie et je l'aime en véritable fils d'adoption. Ainsi que vous donc, et de tout mon cœur, je me réjouis du triomphe que la Révolution vient de remporter à Madrid. Mais, je dois vous l'avouer, ma joie est quelque peu mélangée de crainte et j'ai peur que le peuple espagnol, comme les Français en 1848, ne se laisse escamoter la victoire par d'habiles ambitieux.

Que l'histoire de nos erreurs et de nos maladresses vous serve de leçon et vous empêche de tomber dans les fautes que nous avons commises. Notre révolution de 48 offre plus d'une analogie avec la vôtre, et ce que nous avons fait ou négligé d'entreprendre doit vous indiquer ce que vous avez à faire.

Comme il arrive chez vous maintenant, après la fuite honteuse et lâche de votre *vertueuse* Isabelle, la chute de Louis-Philippe fut accueillie chez nous avec un enthousiasme universel.

Tous les partis, — même ceux qui, jusqu'à ce moment, avaient servi et défendu la monarchie — acclamèrent la République et s'empressèrent d'adhérer au gouvernement provisoire.

C'était, alors, à qui se dirait le plus révolutionnaire et ferait le plus grand étalage de sentiments patriotiques et républicains.

A en croire tout ce qui se débitait, en ce temps-là, dans les journaux et dans les professions de foi, il n'y avait pas en France un seul royaliste, et Louis-Philippe était un tyran qui avait régné, on ne savait par quel moyen, malgré le vœu de la nation tout entière. Les malédictions contre lui s'élevaient de toutes parts, comme chez vous contre votre Isabelle. L'accord paraissait unanime.

Les cris de « Vive la république! Vive la liberté!» retentissaient partout, jour et nuit. C'était magnifique et touchant. Chacun abordait son voisin avec des paroles de félicitation et le visage radieux d'allégresse.

On distribuait des drapeaux neufs; on passait des revues militaires dans lesquelles l'armée fraternisait avec le peuple, la garde nationale avec la garde mobile. On allait, en procession, planter et bénir des arbres de liberté, en chantant, tour à tour, la *Marseillaise* et des cantiques de Saint-Sulpice. On faisait, musique en tête et bannières déployées, des promenades nocturnes aux flambeaux, en demandant des lampions.

Sans crainte de se compromettre ou de se souiller, l'habit noir donnait le bras à la blouse, et le bourgeois se disait l'ami, le frère de l'ouvrier. C'était plein d'attendrissement.

On banquetait tous les jours ; on trinquait à la liberté, à l'égalité, à la mort des rois, à la république universelle, et ceux qui, jusqu'alors, n'avaient été connus que comme ennemis du peuple, se montraient les plus chauds partisans, les plus zélés défenseurs des droits populaires. — On aurait voulu voir, en ces jours-là, un avocat de la royauté, qu'on n'aurait pas pu le trouver : il aurait fallu l'inventer ou le faire faire exprès,

Je vous le répète, mon cher Magallan, l'accord paraissait unanime ; pas une seule voix n'osait protester en public contre le triomphe de la Révolution et les républicains de fraîche date, dits du lendemain, criaient plus fort et se disaient plus dévoués que ceux de la veille.

Mais, parmi toutes ces démonstrations républicaines, combien étaient sincères et loyales ? et combien, au contraire, n'étaient que mensonges hypocrites et lâches fourberies ? Combien n'avaient d'autre but que d'endormir le peuple en l'amusant et de préparer, en la cachant sous des apparences trompeuses, une réaction sauvage et terrible ?

Sont là, pour répondre à ces diverses questions, les journées de juin 48, les scènes du 13 juin 49 et les sanglantes horreurs de décembre 51.

N'oubliez pas ces dates, mon cher Magallan, et que le peuple espagnol agisse de manière à n'avoir pas à en inscrire de semblables dans l'histoire de la révolution qu'il fait en ce moment.

Mais le pourra-t-il et ne sera-t-il pas entraîné dans la pente de la réaction par sa junte gouvernementale, comme les Français ont été insensiblement conduits à l'Empire, par la faute des hommes de l'Hôtel-de-Ville ?

Si je ne savais combien l'on rencontre chez vous de courage et d'énergie ; si je ne savais combien de cœurs dévoués et généreux, nobles et fiers, battent dans les poitrines espagnoles, je serais tenté de craindre pour vous un tel dénouement ; car, indépendamment des vices radicaux et des brandons de discorde qui se trouvaient dans la composition bigarrée de notre gouvernement provisoire, je vois beaucoup trop de généraux et de traîneurs de sabre à la tête de votre mouvement révolutionnaire.

Comme le nôtre en 48, votre gouvernement provisoire renferme dans son sein des hommes trop divisés entre eux sur les questions de principes, pour être capables de s'entendre longtemps ensemble. Si l'accord règne aujourd'hui, cet accord ne peut durer et vos gouvernants ne maintiendront l'harmonie dans leurs rangs qu'à la condition de se résigner à ne rien dire et à ne rien faire de sérieux ou de radical.

Dès qu'il s'agira de prendre une mesure dans laquelle certains principes se trouveront en jeu, la lutte éclatera entre les divers éléments composant le gouvernement, et le faisceau se dénouera, se désunira, chaque homme tombant aussitôt du côté où le font pencher ses instincts ou ses sentiments particuliers.

Ce sera, alors, le signal de la réaction, sinon de la guerre civile.
Certes, en temps ordinaire et normal, la conciliation est une belle et bonne chose; mais, en temps de révolution, elle est dangereuse et nuisible, ne profitant jamais qu'aux traîtres et aux ennemis de la liberté.

Comme il aurait fallu le faire en 48, comme je voudrais qu'on le fît en France, si celle-ci, se réveillant de sa longue et honteuse léthargie, reprenait enfin possession d'elle-même, j'aurais désiré que votre gouvernement provisoire ne fût composé que de révolutionnaires énergiques et convaincus, animés du feu sacré de la patrie, de la passion du bien public, capables — comme nos géants de 92 et de 93, comme nos Danton, comme nos Marat, comme nos Robespierre — de toutes les grandes audaces, ne ménageant rien, ni positions prétendues acquises ni préjugés, et prêts, au besoin, pour briser les résistances réactionnaires, à sacrifier la vie des ennemis de la Révolution, dussent, plus tard, leurs propres têtes servir de paiement et rouler, à leur tour, sous le couteau de la guillotine.

En temps de crise révolutionnaire, les conciliations, les fusions, les mésalliances ne servent qu'à paralyser les efforts des bons citoyens et produisent l'anarchie.
Pour qu'une révolution donne tous ses fruits, pour qu'elle inspire confiance au peuple, il faut qu'elle suive une impulsion unique, qu'elle ait une direction absolue, homogène, s'il est permis de s'exprimer ainsi, et qu'elle marche résolument droit devant elle, renversant violemment les obstacles, sans hésitation ni défaillance.

Peut-être allez-vous, mon cher Magallan, vous récrier et me traiter de buveur de sang. Rassurez-vous. Je respecte autant que quiconque la vie humaine et je suis, en thèse générale, pour l'abolition de la peine de mort.
Mais, dans les jours de révolution, alors que gronde la sainte colère du peuple et qu'il s'agit de démolir un trône, je n'admets ni sensiblerie ni fausse sentimentalité. C'est là ce qui a toujours perdu les révolutions et ce qui les perdra toujours.
Tant qu'ils n'oseront pas ou ne sauront pas faire, à leur tour, contre les rois, les despotes et leurs suppôts, ce que ceux-ci ne balancent pas à faire contre leurs *sujets* vaincus et désarmés — qu'ils ne craignent même pas, à l'occasion, de faire fusiller deux fois de suite, témoin : Martin Bidauré — les peuples seront toujours à la merci de leurs ennemis et n'auront jamais ni repos, ni justice, ni liberté.

Qu'on le sache bien : la Révolution et la République sont deux choses différentes et distinctes, qu'il ne faut pas confondre entre elles et que, cependant, l'on confond beaucoup trop souvent.
Celle-ci, c'est-à-dire la République, est une forme ou un système de gouvernement régulier, qui doit offrir aux citoyens toutes les garanties, toutes les sécurites désirables.
Celle-là, c'est à-dire la Révolution, est un état de fièvre passagère, d'enfantement laborieux, de lutte suprême, qui ne doit avoir d'autre loi que celle du salut public et pendant lequel on ne doit s'inspirer que des circonstances, en employant toujours les moyens les plus prompts et les plus énergiques, pour couper court aux dangers de la patrie.

Aucun gouvernement républicain n'est possible et ne peut acquérir de stabilité, si, d'abord, la Révolution n'a fait son œuvre de nivellement et n'a préparé le terrain en le déblayant, en supprimant radicalement tout ce qui gêne ou obstrue le chemin.

Le gouvernement de 48, vous le savez, a voulu se montrer clément, généreux et magnanime; il a voulu épargner le sang des ennemis de la Révolution; il a accepté le concours des anciens serviteurs de la monarchie, des séides du gouvernement tombé sous les coups du lion populaire.

Eh bien ! qu'en est-il résulté ?

Il en est resulté et il est arrivé que, à l'abri de la débonnaireté du gouvernement provisoire, sous le manteau de la liberté qui leur était laissée, les hommes *du trône et de l'autel*, s'intitulant *républicains honnêtes et modérés*, ont, en quelques jours, enveloppé la France dans l'épais réseau d'une immense réaction, qui, elle, sous prétexte d'ordre, d'honnêteté et de modération, n'a pas craint de faire couler à grands flots le sang des patriotes.

Ah ! que nos réactionnaires ont été bien plus habiles que les républicains et qu'ils ont donné à ceux-ci une leçon que nous ne devrions jamais oublier.

Ils n'ont ni parlé, ni menacé, eux ! mais ils ont agi, et si bien agi, que leurs adversaires, qui d'abord les avaient fait trembler, ont été bientôt réduits à l'impuissance, soit par la fusillade, soit par la guillotine, soit par l'emprisonnement et la déportation. Ils se sont vengés, par des actes d'une cruauté inouie, de la peur inutile qu'ils avaient eue un moment.

Ces leçons seront-elles donc toujours perdues, et les peuples ne sauront ils jamais profiter des expériences faites à leurs propres dépens ? Paieront-ils donc toujours de leur bourse et de leur sang, pour ne rien apprendre ?

Que je voudrais, mon cher Magallan, voir le peuple espagnol se souvenir, dans les circonstances présentes, de nos déboires de 48 et agir de manière à se les éviter !

Mais point ! et je crois m'apercevoir, à mon grand regret, que l'on marche chez vous dans les mêmes errements qui nous ont conduit à notre perte et qui nous y conduiront toujours, tant que nous persisterons à les suivre.

N'avez-vous pas, en effet, laissé partir tranquillement votre reine ? Ne renvoie-t-on pas à une trop lointaine époque l'appel au peuple, pour les élections des députés aux Cortès Constituantes ?

Je vous le confesse : je me demande comment et pourquoi les chefs de l'insurrection qui vient de triompher chez vous n'ont pas pris les mesures nécessaires pour couper la retraite à Isabelle, pour l'empêcher de s'enfuir et pour la conduire à Madrid, sous bonne escorte, avec toute sa sainte phalange de moines, de nonnes et de galants favoris.

En vérité ! grâce à la bonhomie, il serait peut-être mieux et plus juste de dire : grâce à la bêtise des peuples, le métier de roi et de despote est un métier bien commode. On y peut, sans danger, tant qu'on a pour soi la force brutale, l'appui des baïonnettes et des canons, fusiller, mitrailler, embrocher, égorger, embastiller et transporter les gens les plus honnêtes et les plus vertueux, les meilleurs citoyens ; et, lorsque la chance tourne, lorsque la fortune se lasse et devient contraire, on en est quitte pour s'en aller paisiblement, avec les honneurs de la guerre, en emportant dans ses bagages quelques millions, plus ou moins légitimement acquis.., si d'avance on n'a eu la précaution de se ménager des ressources à l'étranger, en y expédiant ses petites économies, réalisées sur les produits arrachés aux sueurs du peuple.

Je m'explique maintenant pourquoi les rois pratiquent si volontiers l'arbitraire, et je comprends sans peine qu'ils soient si prompts, si expéditifs dans leurs vengeances.

Pourquoi donc, en effet, se gêneraient-ils, ces chers potentats, et hésiteraient-ils à se débarrasser des récalcitrants ? Ils seraient bien fous d'y regarder de près, puisque, quoi qu'ils fassent, l'impunité leur est toujours assurée et que le plus grand danger qu'ils aient à courir, c'est d'avoir à jouer des jambes et à abdiquer, quand ils ne peuvent plus mettre les villes à feu et à sang, quand leurs soldats refusent de remplir le rôle de bourreaux et se rappellent qu'ils sont les compatriotes, les frères des contribuables qui travaillent et qui suent pour les héberger dans les casernes.

Quand donc les peuples cesseront-ils d'être dupes et de faire de la stupide générosité envers ceux qui les ont toujours impitoyablement immolés et sacrifiés ?

Quant à moi, mon cher Magallan, si j'étais, comme vous, citoyen espagnol, et s'il est vrai qu'Isabelle ait envoyé, comme on l'a dit, une certaine somme en France ou en Angleterre, je voterais pour qu'on demandât sans retard son extradition à la France. Ce ne serait plus ici, et dans ce cas, une question politique : ce serait une simple et vulgaire affaire criminelle. Ce ne serait pas une reine déchue et détrônée qu'il s'agirait d'atteindre et de juger, mais une misérable voleuse, une espèce de Robert Macaire en jupons, levant le pied avec son amant et avec le bien d'autrui. Et il ne faudrait pas se contenter de l'arrêter seule : il faudrait aussi réclamer ses complices, tous les Bertrands qui l'ont aidée à mettre la main dans le sac et à fouiller dans le trésor national.

Quand les êtres assez plats, assez lâches, assez vils pour devenir des valets de cour sauront qu'il y a danger et responsabilité personnelle à servir la tyrannie; quand ils seront convaincus qu'il leur en peut coûter la tête, ils seront peut-être un peu moins disposés à se faire les exécuteurs des hautes et basses œuvres des Messalines et des Nérons, et les peuples verront enfin leurs droits respectés et leur liberté à jamais assurée.

En ce qui concerne l'appel au suffrage populaire, pour le choix des Constituants, j'estime que cet appel aurait déjà dû être fait et que les Cortès même devraient déjà se trouver réunies.

Dans les moments de révolution, et lorsqu'il s'agit de recourir au scrutin, on devrait toujours faire voter immédiatement après le triomphe, sous l'empire de l'enthousiasme qui suit toute victoire. Agir différemment, c'est prêter la main à la réaction, c'est lui faciliter la besogne, en lui permettant de dresser ses plans et de semer la division dans les rangs du peuple.

Rappelez-vous ce qui s'est passé chez nous en 48.

Si l'on eût voté dès le lendemain du 24 février, la Constituante qui fût sortie du scrutin populaire n'eût été composée que de républicains sincères et dévoués, — car les traîtres se cachaient alors dans leurs caves et n'osaient souffler mot ni donner signe de vie — et la République, démocratique et sociale, eût été assise sur des fondements solides et inébranlables. Aujourd'hui, la France serait libre et prospère et pourrait vous tendre fraternellement la main, tandis que, grâce aux intrigues des Tartufes honnêtes et modérés, toutes nos libertés nous ont été reprises et se trouvent remplacées par... par un Empereur... c'est-à-dire un maître... un maître absolu, qui a le droit de faire tout ce qu'il veut, puisque, seul, il règne et gouverne.

Il est vrai que cet Empereur, contrairement aux rois constitutionnels, s'est déclaré personnellement responsable. Mais on se demande en vain comment il est possible de faire passer dans la pratique des faits cette responsabilité légale, en présence de 1200 mille baïonnettes et chassepots, aussi bien capables de *faire merveille* à Paris ou à Marseille, qu'à Montana ou à Rome.

En ne faisant pas voter au lendemain du 24 février ; en se montrant trop confiant, trop crédule et de trop facile composition avec les aristocrates, le gouvernement provisoire a permis aux monarchiens et aux cléricaux de relever la tête, de surprendre la confiance du peuple, par des professions de foi mensongères, et de s'introduire à la Constituante, où ils n'ont eu d'autre souci, d'autre soin, d'autre but, que de préparer la mort de la République, l'étranglement de la Révolution.

Or, c'est là aussi ce que vous verrez se produire chez vous, si vous ne faites bonne veille et si votre gouvernement provisoire donne aux réactionnaires le temps de respirer, de se reconnaître, de se rassurer et de s'organiser.

Tous les partis, me dites-vous, sont unanimes à repousser les Bourbons, cette race exécrée et maudite, qui a fait couler tant de sang, ordonné tant de massacres, et vous espérez que la nation, parlant par la voix de ses Constituants, optera pour la République.

Puissiez-vous ne pas vous faire illusion !

La République est, en effet, la seule forme de gouvernement qui soit capable d'assurer à un pays quelconque, France ou Espagne, Italie ou Allemagne, la paix, la liberté, la justice, le travail et le bien-être.

Hors de la République, il n'y a de salut pour aucun penple, ni ordre véritable, ni sécurité pour personne.

Si, par malheur, vos Constituants appelaient à la tête de l'Espagne un prince quelconque — italien, français, anglais ou autre — ils attireraient sur votre pays toutes les horreurs de la guerre civile, compliquée, peut-être, d'une guerre avec l'étranger.

Et puis, pourquoi vous embarrasser encore d'un roi, après vous être si heureusement délivrés d'une dynastie ?

N'êtes-vous donc pas las de payer des listes civiles à des gens plus disposés à vous faire égorger, qu'à respecter vos droits, à soigner vos intérêts? Vous faut-il donc absolument entretenir le faste d'une cour? et ne pouvez vous vivre sans *Marforis*, sans plumets et sans pompons ?

Croiriez-vous, par hasard, qu'un candidat choisi dans une dynastie étrangère serait plus libéral, plus moral, plus consciencieux et tiendrait mieux ses serments que ne l'a fait votre *très-chaste* Isabelle ?

Serait-ce, d'aventure, dans la famille des Bonaparte que vous voudriez aller chercher votre élu ? et auriez-vous l'intention de mettre à l'épreuve la fidélité du prince Napoléon, pour voir comment il tient ses serments ?

Autant vaudrait, pour l'Espagne, courir les yeux fermés au bord d'un précipice.

Prendrez-vous un Bragance, ou tout autre prétendant en disponibilité?

Vous ne serez pas plus avancés.

Votre candidat, quel qu'il soit, prêtera tous les serments que vous lui demanderez et jurera tout ce que vous voudrez. Un aspirant monarque n'a jamais refusé et ne refusera jamais aucun serment, car ils savent tous fort bien que cela n'engage à rien et que *promettre et tenir sont deux.*

Les peuples devraient aussi le savoir, depuis le temps qu'ils servent de marche-pied à des ambitieux sans foi ni loi ; depuis le temps qu'ils sont trompés, dupés, volés, baffoués et écrasés par leurs exploiteurs.

Mais non ! ils ne le savent pas encore, et l'on pourrait croire que, pareils à des troupeaux de moutons bons à mener à la boucherie, les peuples ont des yeux pour ne pas voir, des oreilles pour ne pas entendre et une cervelle pour ne pas comprendre.

Mais remuez-vous donc, peuples ! et tâchez de réfléchir.

Vos ennemis, ce ne sont pas vos voisins, ce sont vos maîtres, rois constitutionnels ou autres.

Et il y a parmi vous, mon cher Magallan, des gens qui voudraient pour votre pays un roi constitutionnel ! Comme si l'expérience que vous avez faite pendant tant d'années ne vous suffisait pas !

Mais ceux qui veulent cela sont ou des aveugles, qui se font illusion; ou des ambitieux, avides de fortune, de croix et d'honneurs; ou des traîtres, qui, pour satisfaire leur orgueil et leurs passions, n'hésitent pas à grever le budget de leur pays des frais inutiles d'une cour de valets titrés et dorés.

Et non seulement un roi, même constitutionnel, veut une cour et une valetaille spéciale, mais encore il veut une armée, car il ne peut vivre ni se soutenir sans soldats.

Or, les armées ruinent les peuples ; et l'Espagne, qui n'est pas précisément plus riche qu'il ne le faut, a grandement besoin de licencier son armée, si elle veut faire des économies.

C'est vous dire qu'il vous faut la République, celle-ci pouvant seule permettre de renvoyer les soldats dans leurs foyers.

Non seulement les armées devraient être partout licenciées parce qu'elles ruinent les peuples, mais encore parce qu'elles les oppriment... et les soldats qui, après vous avoir fusillés jadis vous ont délivrés hier, pourront, demain, à la voix de leurs mêmes chefs, si les intérêts de ceux-ci les font changer d'avis, vous fusiller de nouveau.

Prenez-y bien garde : là est le danger pour l'Espagne.

Vos traîneurs de sabre, aujourd'hui soi-disant libéraux, me font grand' peur et ne m'inspireront qu'une très-médiocre confiance, tant qu'ils auront des soldats à leur dévotion ou sous leurs ordres.

Donc, plus d'armée chez vous, mais tous les citoyens en armes, les pauvres aussi bien que les riches; car, si ces derniers ont leurs propriétés à garder, ceux-là ont leurs droits à défendre, et la liberté du prolétaire est aussi respectable, aussi sacrée, sinon même davantage, que l'or du millionnaire.

J'ai dit, tout-à-l'heure, que l'Espagne n'est pas plus riche qu'il ne le faut, et je crois que, malheureusement, personne ne me démentira sous ce rapport. Voulez-vous, maintenant, mon cher ami, que je vous indique un moyen radical d'en finir d'un seul coup avec les embarras financiers de votre pays ?

Ayez de l'audace, brûlez le Grand livre, déclarez la banqueroute, et que le peuple ne reconnaisse pas, ne paye pas les dettes de la tyrannie.

Non seulement, ce sera là une mesure carrément révolutionnaire, mais encore ce sera une mesure équitable, qui vaudra mille fois mieux et aura mille fois moins d'inconvénients que l'expédient des 45 centimes, auquel eut recours notre gouvernement provisoire de 8.4

Ce qu'on aurait dû faire le lendemain du triomphe de la révolution, c'était de faire constater authentiquement dans tout le pays, par des commissions élues *ad hoc*, la situation réelle de l'actif existant dans les diverses caisses de l'Etat. On eût ainsi établi le bilan exact de la monarchie et fait connaître publiquement les ressources qu'elle laissait disponibles, pour faire face aux divers services nationaux.

Si la Révolution ne déclare pas la banqueroute, si elle prend à sa charge les dettes de la royauté et si elle veut les payer, comment fera-t-elle, les caisses étant vides ?

Il lui faudra recourir, soit à un emprunt, volontaire ou forcé, soit à de nouveaux impôts, ce qui aboutira, dans un cas comme dans l'autre, à augmenter les charges du peuple.

Or, le peuple fait-il des révolutions pour augmenter ses charges et ses contributions, ou pour les diminuer ? N'a-t-il pas déjà assez, sinon trop, de ce qu'il paye à présent, et faut-il que la révolution, au lieu de lui restituer ses droits, vienne lui rendre plus lourd le fardeau de sa misère ? Dans ce cas, il vaudait mieux pour lui rester dans son abjection, si sa victoire doit lui devenir onéreuse. En somme, et jusqu'à présent, c'est toujours le peuple qui a couvert les frais des révolutions et payé les pots cassés. Et voilà pourquoi il hésite tant, il tarde tant à se soulever, à briser ses chaînes. Il a encore peur d'être dupe, de se retrouver plus mal et plus malheureux au lendemain qu'à la veille de la révolution. Et il faut convenir qu'il n'a pas tout-à-fait tort, tant la réaction est prompte et habile à lui faire expier ses quelques velléités d'indépendance, ses rares tentatives d'affranchissement.

Mais qu'il apprenne, enfin, par la conduite et par les actes de ceux qui se disent ses amis, que les révolutions sont réellement justicières, qu'elles font radicalement table rase de tout ce qui l'opprime, moralement et matériellement, et vous verrez comme le peuple se dévouera avec enthousiasme, tout entier, corps et cœur, à la chose publique, et comme il se fera bravement tuer, s'il le faut, pour la conquête ou la conservation de ses droits.

Et puis, d'ailleurs, en vertu de quel principe le peuple serait-il condamné à reconnaître et à payer des dettes au sujet desquelles il n'a pas été consulté et qu'il n'a pas sciemment consenties ? Doit-il donc être responsable de gaspillages auxquels il n'a point prêté les mains ou de tripotages boursicotiers dans lesquels il n'a point trempé ?

Serait-il donc juste, d'un autre côté, de lui faire payer le prix des canons, des fusils, de la poudre et des projectiles qui ont servi à le mitrailler?

Si quelqu'un doit être responsable des dettes de l'Etat, ce sont ceux qui votent les emprunts et ceux qui en gaspillent les produits.

Quant au peuple, il n'a rien à voir là-dedans : ce ne sont point là ses affaires.

Mais, me direz-vous peut-être, mon cher Magallan, si la révolution fait banqueroute, elle ne trouvera pas d'argent à emprunter : les capitalistes n'auront pas confiance en elle, et personne ne voudra rien lui prêter.

Soit ! je le veux bien, et ce sera tant mieux

De cette façon, ne pouvant emprunter, elle ne ruinera personne, elle ne pourra se livrer à aucune dépense inutile ou folle, et elle sera forcée de viser à l'économie... ce qui sera tout profit pour le peuple.

Ne trouvant plus à emprunter, l'Etat n'aura plus de dettes à payer et pourra diminuer les impôts,

Au lieu d'aller s'engouffrer et se perdre dans les caisses publiques, pour payer des dépenses improductives et inutiles, quand elles ne sont pas nuisibles, immorales ou mortelles à la liberté, l'argent des contribuables servira à des travaux productifs et coopérera ainsi à augmenter la vraie richesse nationale, c'est-à-dire celle de tous et de chacun.

Mais, objectera-t-on, un Etat qui fait banqueroute est un Etat qui vole ses créanciers, et la Révolution ne peut donner l'exemple d vol.

Or, ceci est spécieux et demande explication.

D'abord, qu'est-ce qu'un Etat?

C'est l'ensemble des pouvoirs qui gouvernent un pays.

Avant le 29 septembre dernier, l'Etat, c'était, en Espagne, la pieuse reine Isabelle, la Chambre des Députés et le Sénat

A qui donc prêtaient ceux qui souscrivaient aux emprunts émis par cet Etat ? Etait-ce aux révolutionnaires, ou à Isabelle et à tout ce qui rayonnait autour de son trône, caduc et vermoulu ?

Si donc il n'a rien été prêté aux révolutionnaires, la Révolution n'a rien reçu... que des coups de fusils ... elle n'a pas de créanciers , elle ne doit rien et elle peut, par conséquent, déclarer la banqueroute , sans voler qui que ce soit.

Et remarquez bien ceci, mon cher Magallan : la Révolution ne fait pas la banqueroute : elle se borne à la constater.

Si elle ne trouve rien dans les caisses de la monarchie, qui ne sont pas les siennes, elle ne peut rien donner , et personne n'a rien à lui demander.

Que les prêteurs aillent directement réclamer à leurs emprunteurs — rois, ministres, députés et sénateurs déchus : c'est à ceux-ci de les payer.

En constatant la banqueroute, quand elle existe de fait par le vide des caisses de l'Etat, la Révolution ne fait qu'imiter la conduite, permise et autorisée par la loi, d'un citoyen qui n'accepte un héritage que sous bénéfice d'inventaire, c'est-à-dire à condition de ne devenir responsable des dettes à la charge du défunt, que si l'actif laissé par ce dernier permet de les couvrir et de les payer.

Eh bien! — et je le demande à tous les hommes de bonne foi : — ne serait-il pas étrange qu'une nation en masse n'eût pas le droit de faire collectivement, à l'égard des créanciers d'un pouvoir qu'elle a chassé, ce que chacun des citoyens qui la composent, pris individuellement, a le droit de faire à l'égard des créanciers personnels du parent ou de l'ami dont il est l'héritier.

Mais il ne suffit pas que la Révolution constate la banqueroute, s'il y a réellement lieu, il faut encore qu'elle réalise des économies.

Or, l'Espagne révolutionnaire, de même que la France, en peut et doit réaliser de plus d'une sorte.

Ainsi, par exemple, indépendamment du budget dit de la guerre, qu'elle peut réduire des quatre cinquièmes ou des trois quarts en licenciant l'armée, elle peut encore alléger ses dépenses en supprimant toutes les sinécures, tous les emplois inutiles, et en diminuant les appointements fastueux de certains hauts fonctionnaires.

Cette réduction des gros traitements n'aura pas seulement l'avantage de dégrever le budget, elle aura aussi pour effet de guérir la plaie du fonctionnarisme et d'opposer une barrière aux convoitises des ambitieux, de ceux-là qui ne veulent des emplois publics que pour s'enrichir aux dépens du peuple, et de ne laisser la porte ouverte qu'aux citoyens vraiment convaincus et sincèrement dévoués au bien public.

L'une des plus grandes, des plus urgentes économies que la Révolution peut et doit encore réaliser, c'est celle qui résulterait de la suppression radicale du budget dit des cultes.

Les quelques millions dévorés chaque année par le clergé peuvent être beaucoup mieux et beaucoup plus utilement employés.

Que les prêtres, qui prétendent donner la vie de l'âme, fassent comme les boulangers, les bouchers et les épiciers, qui concourent à la vie du corps, et qu'ils réclament directement leur salaire à ceux-là seuls qui ont recours à leurs services.

Il est inique et tyrannique au premier chef de forcer les incrédules à contribuer aux frais d'un culte qu'ils repoussent et combattent. La liberté et la justice veulent que chacun paye ce qu'il consomme et que nul ne paye forcément pour autrui. Que celui-là donc qui consomme des prières les paye lui-même, et que celui qui n'en consomme pas garde chez lui, pour aller au théâtre, si tel est son bon plaisir, l'argent qu'on lui a pris, jusqu'à ce jour, pour entretenir les prêtres et les églises.

Les partisans des concordats, les défenseurs du clergé prétendent, chez nous, qu'on n'a pas le droit de supprimer le budget des cultes, parce que ce budget, en ce qui concerne les catholiques du moins, ne représente qu'une indemnité due au clergé, par suite de la confiscation des biens qu'il possédait en France avant la Révolution, comme chez vous avant la loi de *désamortisation*, votée par vos Cortès de 1854.

Mais cette interprétation est erronée et ne peut satisfaire que les esprits superficiels ou intéressés à nier la justice et la vérité.

L'Assemblée nationale française ayant, en 1790, supprimé l'*ordre* du clergé, qui constituait jadis, avec celui de la noblesse et celui du tiers-état, les trois ordres de la nation, le clergé n'existe plus comme personne civile et ne peut plus rien posséder à ce titre.

Le clergé n'est plus, présentement, qu'un simple corps d'état ou, si l'on aime mieux, qu'une simple corporation, comme l'armée, comme l'administration, comme la corporation des maçons, des serruriers, etc. Depuis la Révolution, le mot *clergé* signifie — et ne signifie nulle autre chose — l'*ensemble des prêtres*, c'est-à-dire des fonctionnaires dits religieux.

Or, de même que les fonctionnaires de l'ordre militaire, judiciaire ou administratif; de même que les membres des diverses corporations ouvrières, les prêtres n'ont droit, soit à des appointements, qu'autant qu'ils exercent leurs fonctions, comme les soldats en activité de service ou les employés du gouvernement en exercice; soit à un salaire, qu'autant qu'ils travaillent, comme les maçons, les serruriers, etc.

Les prêtres sont des hommes comme les autres, ne pouvant posséder que par eux-mêmes, par gain personnel ou par héritage de famille, mais auxquels le prétendu sacrement de l'ordination ne saurait, en aucun cas, donner un privilége exclusif de propriété, dont sont privés tous les autres citoyens. Ce n'est donc que par abus ou par erreur que peut être maintenu, dans un pays libre, le budget qui sert à payer les prêtres, qui sont aujourd'hui des fonctionnaires, mais qui ne seront plus que de simples citoyens, dès que l'on se décidera à supprimer les inutiles fonctions qu'ils sont censés remplir.

Tant que le budget des cultes sera maintenu, la liberté de conscience ne sera qu'un vain mot, et il appartient aujourd'hui à l'Espagne de faire que cette liberté devienne, chez elle, une réalité, une vérité vraie.

Non seulement la Révolution doit supprimer le budget des cultes, mais elle doit encore confisquer les biens des couvents et les employer dans l'intérêt de la nation.

Les jésuites et les moines de toutes sortes et de toutes couleurs ont assez fait de mal au peuple; ils l'ont assez pressuré et opprimé pour qu'il leur reprenne enfin ce qui lui a été extorqué, par violence ou par ruse. (1)

Rappelez-vous, d'ailleurs, à ce sujet, ce que disait Turgot : « Supposons, écrivait-il dans l'*Encyclopédie*, à l'article *Fondations*, supposons qu'au temps de l'empire romain, on ait fait un nombre énorme de fondations en l'honneur de Jupiter et de Vénus. Est-ce que ces fondations pourraient subsister aujourd'hui ? Il y a donc un moment où une fondation ne peut plus

---

(1) J'apprends que diverses juntes provinciales, et même celle de Madrid, ont pris des arrêtés dans ce sens. C'est très-bien, et je souhaite que ces arrêtés deviennent irrévocables.

garder son premier caractère : autrement LA TERRE N'APPARTIENDRAIT PLUS AUX VIVANTS, MAIS AUX MORTS. Si de temps en temps les biens de main-morte ne disparaissaient pas ou ne se transformaient pas, la société serait asservie par les institutions et les idées du passé. Un jour viendrait nécessairement où il n'y aurait plus moyen de vivre, à moins d'entrer dans les couvents. Le présent a donc des droits en face du passé. »

Ceci, qui est très-sensé et très-juste à propos des biens des couvents, peut aussi s'appliquer aux dettes publiques des Etats, qui représentent le passé et ne peuvent s'éterniser qu'en paralysant et compromettant l'avenir, lequel a le droit et le devoir de se faire sa place au soleil.

Mais revenons à Turgot, qui continuait ainsi :

« UNE SOCIÉTÉ NE PEUT ÊTRE LIÉE INDÉFINIMENT. Vous avez voulu que votre propriété devînt un couvent de chartreux ; un jour peut arriver où il conviendra de transformer ce couvent des chartreux en collége, en hopital. En faisant cela, on restera fidèle aux intentions du donateur. Il a voulu faire du bien ; respectez sa pensée, mais ne vous considérez pas comme liés à tout jamais par la lettre. Autrement, ce qui à l'origine était un bien deviendrait plus tard un mal incorrigible. LE DROIT DU FONDATEUR NE PEUT ALLER JUSQU'A IMPOSER SA VOLONTÉ AUX GÉNÉRATIONS FUTURES, QUAND TOUT A CHANGÉ. » (1)

Les propriétés possédées par les couvents ayant été données dans le but de faire du bien, et les couvents ayant souvent fait du mal, l'Etat a le droit et le devoir de s'emparer des dites propriétés, pour remplir les intentions des donateurs, en les employant dans l'intérêt public.

La société étant aujourd'hui civile et non plus religieuse, c'est à l'Etat que doit revenir, pour qu'il en use suivant les circonstances et les dispositions de l'esprit public, tout ce qui a été donné aux moines et aux couvents, qui ne se sont pas toujours enrichis d'une manière très-loyale ni très-honnête.

J'aurais encore, mon cher Magallan, bien des choses à vous dire ; mais l'espace me manque et je me vois forcé de m'arrêter brusquement.

Je vais donc terminer ici et me résumer à la hâte, de la manière suivante :

N'oubliez jamais que vos généraux, aujourd'hui vos libérateurs, ont été jadis vos ennemis ; qu'ils vous ont, eux aussi, à certaines époques et courtisans de l'Isabelle du Marfori, mitraillés et fusillés ; qu'ils ont mendié et reçu des titres, des croix et des pensions de la main même de la Messaline qu'ils viennent de chasser; ne vous laissez donc pas aller à l'enthousiasme envers eux, car, demain, ils peuvent se retourner contre vous, et tenez-les en perpétuelle suspicion, surveillant leurs actes et scrutant leurs pensées secrètes.

Ne vous faites point d'idoles, car les idoles ont toujours perdu les peuples.

---

(1) Ce passage et celui qui precède sont cités par M. Miron, dans son savant et beau livre intitulé « *De la séparation du spirituel et du temporel,* » dont je recommande la lecture à tous ceux qui veulent s'édifier sur cette importante question. Ce livre est edité par MM. Noirot et compagnie, librairie des sciences sociales. 13, rue des Saints-Pères, à Paris. Un volume in-18, prix : 3 fr. 50.

- Suivez ceux qui se disent vos amis, tant qu'ils iront bien et marcheront droit dans le vrai chemin de la Révolution et de la République. Mais, au moindre faux pas, brisez-les sans pitié ou, tout au moins, abandonnez-les et réduisez-les à l'impuissance de nuire.

Que le peuple reste toujours sur le qui-vive, qu'il ne se laisse imposer aucune dynastie nouvelle et qu'il ne dépose les armes qu'après avoir obtenu tout ce qu'il a le droit d'attendre et d'exiger.

Que les divers candidats aspirant à monter sur le trône d'Espagne sachent bien qu'ils ne peuvent venir fouler la terre Espagnole sans courir la chance d'y trouver le sort de l'ambitieux Maximilien à Queretaro, et le triomphe de la liberté sera à tout jamais assuré chez vous.

Sinon, c'est-à-dire si vous laissez prédominer l'élément militaire; si vous permettez qu'on vous enlace dans les filets des intrigues diplomatiques qui déjà se nouent dans les ambassades; si vous reprenez un roi; si vous souffrez qu'un soldat audacieux pose le talon de sa botte sur la gorge de la liberté; si vous n'adoptez que des demi-mesures; si vous reconnaissez les dettes de la monarchie; si vous n'en terminez pas avec l'influence cléricale; si vous n'êtes pas, en un mot, franchement et radicalement révolutionnaires, tout ce que vous venez de faire sera perdu, tout sera à recommencer dans quelques mois, et, je vous le prédis, vous aurez aussi votre 93.

Au surplus, il vous le faut, ce 93 : il est inévitable et, plus tôt vous l'aurez, mieux cela vaudra.

Il peut se faire que, par suite de certains escamotages, — et, à ce sujet, j'appelle tout particulièrement votre attention sur M Prim, comte de Reuss, dont il faut vous garer comme de la peste — il peut se faire, dis-je, que votre 93 soit retardé de quelque temps.

Mais, je vous le répète, *ce 93 est inévitable* : quelles que soient les intrigues actuelles, quoi que l'on fasse, vous l'aurez, et, plus il tardera à venir, plus terrible il sera ! L'intérêt de la révolution et celui de l'humanité font donc désirer qu'il vous vienne le plus tôt possible.

Pendant que vous y êtes, finissez-en une bonne fois pour toutes. Rompez carrément avec les errements du passé et lancez-vous hardiment, sans peur ni tergiversations, dans les voies de l'avenir. Faites table rase de tous les priviléges, de tous les abus, de toutes les iniquités sociales. Créez une société nouvelle, basée uniquement sur la justice et sur le travail, et la France, qui a les yeux fixés sur vous, applaudira à votre initiative et s'efforcera de vous imiter.

Il y a chez vous — et j'en connais plus d'un, que j'aime sincèrement — des hommes capables de comprendre et d'exécuter un tel programme. Que ceux-là se mettent résolument à la tête de la Révolution, et l'Espagne redeviendra aux yeux de tous, ce qu'elle n'a jamais cessé d'être aux miens, l'un des premiers et des plus grands peuples du monde.

Sur ce, mon cher Magallan, je vous serre cordialement les deux mains, en criant avec vous : vive la Révolution ! et en vous priant de croire que je suis, de tout mon cœur, de l'Espagne et de vous même,

l'ami très-sincère et tout dévoué,

Ad. ROYANNEZ.

Marseille. — Imprimerie Commerciale J. DOUCET, rue Venture, 10.

www.ingramcontent.com/pod-product-compliance
Ingram Content Group UK Ltd.
Pitfield, Milton Keynes, MK11 3LW, UK
UKHW021027220726
13924UKWH00001B/163